Editorial

En el pensamiento es donde reside la libertad

Primera Edición
Noviembre 2017

Por la Union Latinoamericana

(Discurso pronunciado en honor a José Vasconcelos)

La Renovación Mexicana

Los escritores argentinos aquí reunidos me han delegado el honroso encargo de expresaros los fraternales sentimientos que nos inspira el pueblo mexicano, de cuya alta cultura sois el exponente más calificado.

No pretendemos ocultar que es grande, en nuestras latitudes, la ignorancia de cuanto concierne a la gran renovación política, ideológica y social, felizmente iniciada en México en los últimos años. De ello, más que a la distancia, cabe culpar a la malsana y tendenciosa información que las agencias telegráficas norteamericanas difunden, para restaros las fuerzas morales de simpatía y de solidaridad que tanto necesitáis en nuestro continente. Sabemos, también, sin que esté a nuestro alcance remediarlo, que el imperialismo capitalista ha vinculado ya a sus intereses muchos órganos significativos de la prensa latinoamericana, consiguiendo que la opinión pública, en asuntos que os son vitales, se forme a través de un criterio que no es ciertamente el del pueblo mexicano.

A pesar de esas circunstancias adversas, algunos hombres de estudio, justamente desconfiados, hemos podido reconstruir el proceso del gran drama social que os ha conmovido desde la caída del tranquilo despotismo representado por vuestro Porfirio Díaz. Hasta él duraban la paz y el orden, una paz complaciente con los enemigos exteriores y un orden coercitivo de las conciencias libres en el interior; una paz de continuos compromisos y humillaciones ante la voracidad del capitalismo en acecho, un orden que era simple sometimiento de un pueblo mudo y encadenado. Cuando los mejores espíritus de México entre los cuales ya estabais vos, amigo Vasconcelos, dieron su grito revolucionario en demanda de libertad política y de justicia social, comenzaron horas de inquietud y turbulencia, inevitables ciertamente, porque el despotismo no había educado al pueblo para la práctica de las instituciones libres. Hubo errores, pero fueron saludables, por su misma enseñanza; tan hondos eran los problemas planteados y tantos los matices de las fuerzas convergentes a vuestra gran revolución, desde el sencillo liberalismo radical hasta el avanzado colectivismo agrario, que hubiera sido históricamente absurda la esperanza de que no fuese alterado el viejo orden del régimen porfirista. No es seguro, en fin, que el gran proceso haya terminado todavía; Madero, Carranza, Obregón, han sido etapas sucesivas de un movimiento histórico que aún no ha alcanzado su nuevo estado de equilibrio, pareciéndonos deseable y saludable que el pueblo mexicano continúe la marcha emprendida hacia una meta de mejoramiento y de incesante superación, aunque para ello deba alterar algunos resortes del orden viejo incompatibles con los necesarios para un orden nuevo.

Una profunda palingenesia espiritual ha acompañado a esta regeneración política, que fue obra de dos generaciones y necesitará el concurso de la que vendrá. Durante el siglo pasado imperaban en México las orientaciones del escolasticismo tradicional, heredadas del coloniaje, apenas interrumpidas por esporádicos influjos de la escuela fisiocrática, de la ideología y del Kantismo. Alcanzaron a sufrir un vigoroso sacudimiento por la penetración del positivismo, que tuvo representantes muy distinguidos en las ciencias y en las letras; desplazando al escolasticismo, ya minado por filtraciones eclécticas, influyó benéficamente sobre la cultura mexicana, emancipando las conciencias y preparando el terreno para la nueva ideología de la generación que llega actualmente a la madurez. Comprendiendo que las fuerzas morales son palancas poderosas en el devenir social, esa generación ha tenido ideales y los ha sobrepuesto a los apetitos de la generación anterior, afirmando un idealismo social al que convergen, un tanto confusamente, varias corrientes filosóficas y literarias.

Ese noble idealismo, felizmente impreciso, como toda ideología de transición, compensa con su mucha unidad militante contra lo que no quiere ser, la aun incompleta unidad filosófica de sus aspectos afirmativos. No quiere ser una vuelta al pasado lejano y por eso huye del neoescolasticismo; pero tampoco quiere atarse al pasado inmediato y por eso desea superar el ciclo del positivismo. Movido por ideales de acción, todos comprendemos sus aspiraciones comunes. Es en efecto, idealismo político, en cuanto tiende a perfeccionar radicalmente las instituciones más avanzadas de la democracia; es idealismo filosófico, en cuanto niega su complicidad al viejo escolasticismo y anhela satisfacer necesidades morales que descuidó el positivismo; es idealismo social, en cuanto aspira a remover los cimientos inmorales del parasitismo y del privilegio, difundiendo y experimentando los más generosos principios de justicia social. De esas corrientes idealistas, no unificadas en un cuerpo de doctrina, pero sin duda convergentes en el terreno de la acción, es José Vasconcelos un exponente integral; por eso acudimos a reunirnos en torno suyo, viva encarnación de esta generación mexicana que merece la simpatía de nuestra América Latina.

Digamos, empero, que Vasconcelos no es sólo un exponente. Es un valor intrínseco y específico, un altísimo valor personal, por su intelectualidad desbordante y por su labor fecunda. Comprendiendo el sentido histórico de la hora en que le tocó vivir, fue desde 1908 revolucionario; y por haberlo sido contra el despotismo y contra el privilegio, posee hoy, desde el gobierno, orientaciones firmes e ideales constructivos.

Los grandes hombres no suelen formarse recogiendo migajas en los festines oficiales de los opresores, sino alzando la voz contra todas las formas de la opresión, de la inmoralidad y de la injusticia. Porque fue revolucionario, Vasconcelos sabe hoy ser patriota, en esa noble significación del patriotismo que consiste en honrar a la patria con obras buenas y no en explotarla con declamaciones malas.

Porque fue revolucionario tiene el vehemente deseo de acrecentar la justicia en la sociedad, sin encadenar voluntades a ningún dogmatismo de secta o de partido. En la dirección de la Preparatoria, en el rectorado de la Universidad, en la federalización de la Enseñanza, en la organización de las Bibliotecas Populares, y finalmente en el Ministerio de Instrucción Pública, ha demostrado ser un espíritu nuevo, uno de los pocos espíritus, incontaminados por las pasiones malsanas que dejó la guerra europea, que pueden contemplar la situación actual del mundo sin anteojeras germánicas o aliadas.

Pero si grande es su labor pública, no menos meritoria es su producción intelectual, singularmente aplicada a las más nobles disciplinas filosóficas. Algunos de sus mejores ensayos han sido editados y comentados en la "Revista de Filosofía", de Buenos Aires; todos los americanos cultos conocen sus libros eximios: "Pitágoras", "El monismo estético", "Divagaciones literarias", "Prometeo Vencedor" y "Estudios Indostánicos", cuyo análisis sería, en este momento inoportuno.

Por todo ello, los escritores argentinos aquí reunidos, saludamos en el amigo ilustre y querido compañero a todos los hombres de esa generación mexicana que ha emprendido la obra magna de regenerar las costumbres políticas, para hacer cada día más; efectiva la soberanía popular; que ha emprendido la reforma educacional combatiendo el analfabetismo, difundiendo el libro, renovando la vida universitaria y artística, sugiriendo ideales dignificadores del ciudadano; que ha emprendido la reforma social sobre bases generosas, anteponiendo los intereses sociales del pueblo al egoismo individual de pocos privilegiados, afrontando la solución del problema agrario por la patriótica expropiación de vastos feudos incultos y su adjudicación posesoria a los que con su trabajo sabrán convertirlos en fuentes de bienestar y progreso nacional.

Estas hermosas iniciativas, cuya experimentación está desigualmente avanzada en los diversos Estados federales, hacen que hoy México merezca, además de nuestra simpatía, nuestro estudio. Convertido en vasto laboratorio social, los países de la América Latina podremos aprovechar muchas de sus enseñanzas para nuestro propio desenvolvimiento futuro.

La deslealtad del Panamericanismo

Por sobre otros motivos de simpatía intelectual y social, nos acercan, a todos los latinoamericanos, razones graves de orden sociológico y político.

Sería necio callarlas, como si ocultándolas dejaran de existir: poder pronunciar ciertas verdades es, por cierto, un privilegio, y hasta una compensación, para los que rehuimos voluntariamente las posiciones oficiales que suelen andar apareadas con la política banderiza.

Decimos, debemos imperativamente decir, que en los pocos años de este siglo, han ocurrido en la América Latina sucesos que nos obligan a reflexionar con sombría seriedad. Y desearíamos que las palabras pronunciadas en este ágape fraternal de escritores argentinos, en honor de un compañero mexicano, tuvieran eco en los intelectuales del continente, para que en todos se avivara la inquieta preocupación del porvenir.

No somos, no queremos ser más, no podríamos seguir siendo panamericanistas. La famosa doctrina de Monroe, que pudo parecernos durante un siglo, la garantía de nuestra independencia política contra el peligro de conquistas europeas, se ha revelado gradualmente como una reserva del derecho norteamericano a protegernos e intervenirnos. El poderoso vecino y oficioso amigo ha desenvuelto hasta su más alto grado el régimen de la producción capitalista y ha alcanzado en la última guerra la hegemonía financiera del mundo; con la potencia económica ha crecido la voracidad de su casta privilegiada, presionando más y más la política en sentido imperialista, hasta convertir al gobierno en instrumento de sindicatos sin otros principios que captar fuentes de riqueza y especular sobre el trabajo de la humanidad, esclavizada ya por una férrea bancocracia sin patria y sin moral. En las clases dirigentes del gran Estado ha crecido, al mismo tiempo, el sentimiento de expansión y de conquista, a punto de que el clásico "América para los americanos" no significa ya otra cosa que reserva de "América -nuestra América Latina- para los Norteamericanos".

Adviértase bien que consignamos hechos, sin calificar despectivamente a sus autores. No es burlándose de los norteamericanos, ni injuriándolos, ni mofándose de ellos, como se pueden plantear y resolver los problemas que hoy son vitales para la América Latina. El peligro de Estados Unidos no proviene de su inferioridad sino de su superioridad; es temible porque es grande, rico y emprendedor. Lo que nos interesa es saber si hay posibilidad de equilibrar su poderío, en la medida necesaria para salvar nuestra independencia política y la soberanía de nuestras nacionalidades.

La hora nos parece grave. Ha llegado el momento de resolver si debemos dar un ¡no! decisivo al panamericanismo y a la doctrina de Monroe, que al desprenderse de su primitiva ambigüedad se nos presentan hoy como instrumentos de engaño esgrimidos por el partido imperialista que sirve en el gobierno los intereses del capitalismo. Si durante el siglo pasado pudo parecer la doctrina de Monroe una garantía para el "principio de las nacionalidades" contra el "derecho de intervención", hoy advertimos que esa doctrina, en su interpretación actual, expresa el "derecho de intervención" de los Estados Unidos contra el "principio de las nacionalidades" latinoamericanas. De hipotética garantía se ha convertido en peligro efectivo.

Llamamos hipotética su garantía en el pasado; los hechos lo prueban. ¿Impusieron los norteamericanos la doctrina de Monroe, en 1833, cuando Inglaterra ocupó las islas Malvinas, pertenecientes a la Argentina?, ¿La impusieron en 1838 cuando la escuadra francesa bombardeó el castillo de San Juan de Ulúa?, ¿La impusieron en los siguientes años, cuando el almirante Leblanc bloqueo los puertos del Río de la Plata?, ¿Y en 1861, cuando España reconquisto a Santo Domingo?, ¿Y en 1864, cuando Napoleón III fundó en México el imperio de Maximiliano de Austria?, ¿Y en 1866, cuando España bloqueó los puertos del Pacífico?, ¿Y cien veces más, cuando con el pretexto de cobrar deudas o proteger súbditos las naciones europeas cometían compulsiones y violencias sobre nuestras repúblicas, como en el caso, justamente notorio a los argentinos, de Venezuela?

Esa equívoca doctrina, que nunca logró imponerse contra las intervenciones europeas, ha tenido al fin por función asegurar la exclusividad de las intenciones norteamericanas. Parecía la llave de nuestra pasada independencia y resultó la ganzúa de nuestra futura conquista; el hábil llavero fingió cuidarnos cien años, lo mejor que pudo, pero no para nosotros, sino para él.

Así nos lo sugiere la reciente política imperialista norteamericana, que ha seguido una trayectoria alarmante para toda la América Latina. Desde la guerra con España se posesionó de Puerto Rico e impuso a la independencia de Cuba las condiciones vejatorias de la vergonzosa Enmienda Platt. No tardó mucho en amputar a Colombia el istmo que le permitiría unir por Panamá sus costas del Atlántico y del Pacífico. Intervino luego en Nicaragua para asegurarse la posible vía de otro canal interoceánico. Atentó contra la soberanía de México, con la infeliz aventura de Veracruz. Se posesiono militarmente de Haití, con pretextos pueriles. Poco después realizó la ocupación vergonzosa de Santo Domingo, alegando el habitual pretexto de pacificar el país y arreglar sus finanzas.

Desde ese momento la locura del partido imperialista parece desatarse. La injerencia norteamericana en la política de México, Cuba y Centro América tornase descarada. Quiere ejercitar el derecho de intervención y lo aplica de hecho, unas veces corrompiendo a los políticos con el oro de los empréstitos, otras injuriando a los pueblos con el impudor de las expediciones militares.

Ayer no más, hoy mismo, obstruye y disuelve la Federación Centroamericana, sabiendo que todas las presas son fáciles de devorar si se dividen en bocados pequeños. Ayer no más, hoy mismo, se niega a reconocer el gobierno constitucional de México, si antes no le firma tratados que implican privilegios para un capitalismo extranjero en detrimento de los intereses nacionales. Ayer no más, hoy mismo, inflige a Cuba la nueva afrenta de imponerle como interventor tutelar al general Crowder.

Leo, señores, la consabida objeción en muchos rostros: Panamá es el límite natural de la expansión y allí se detendrá el imperialismo capitalista. Muchos, en verdad, lo hemos creído así hasta hace pocos años; debemos confesarlo, aunque este sentimiento de egoísmo colectivo no sea muy honroso para nosotros. Las naciones más distantes, Brasil, Uruguay, Argentina y Chile, creíanse a cubierto de las garras de águila, confiando en que la zona tórrida sería un freno a su vuelo. Algunos, últimamente, hemos advertido que estábamos equivocados. Sabemos ya que voraces tentáculos se extienden por el Pacífico y por el Atlántico, con miras a asegurar el contralor financiero, directo o indirecto, sobre varias naciones del Sur. Sabemos también -pese a la diplomacia secreta- de vagas negociaciones sobre las Guayanas. Sabemos que algunos gobiernos -que no nombramos para no lastimar susceptibilidades- viven bajo una tutoría de hecho, muy próxima a la ignominia sancionada de derecho en la Enmienda Platt. Sabemos que ciertos empréstitos recientes contienen cláusulas que aseguran un contralor financiero e implican en alguna medida el derecho de intervención. Y, en fin, sabemos que en los últimos años la filtración norteamericana se hace sentir con intensidad creciente en todos los engranajes políticos, económicos y sociales de la América del Sur.

¿Dudaremos todavía?, ¿Seguiremos creyendo ingenuamente que la ambición imperialista terminará en Panamá? Ciegos seríamos si no advirtiéramos que los países del Sur estamos en la primera fase de la conquista, tal como antes se produjo en los países del Norte, que sienten ya el talón de la segunda.

Hace pocas semanas, un ilustre amigo dominicano, Max Henríquez Ureña, fijó en pocas líneas el "sistema" general de la conquista. "El capitalismo norteamericano, amo y señor de su país, y director de las conciencias de los más altos políticos en aquella nación envilecida por el mucho oro que posee, quiere especular con menos riesgo o con más seguridades en la fértil zona tropical; quiere garantizar, sin dudas y sin temor, la inversión de su dinero; quiere adquirir, protegido por el poder público, tierras baratas con títulos dudosos; quiere llevar peones baratos donde no los haya, aunque representen un peligro en el orden de la inmigración y perjudiquen al trabajador nativo. Para conseguirlo, azuza a su gobierno, que es su esclavo; y el plan, tantas veces puesto en práctica, es el de ofrecer, con vivas protestas de amistad, un empréstito al pueblo pequeño que se ha entrampado por la inexperiencia o la torpeza de sus gobernantes: y puesto ese primer eslabón de la cadena, cuando, por causa de esa hipoteca del porvenir nacional, reaparece el estado de insolvencia del tesoro público, se ofrece otro empréstito, pero se exigen mayores garantías, y empréstito tras empréstito, en el momento de crisis más aguda, se toman en prenda las aduanas de la nación endeudada. Tras esa garantía, viene la fiscalización económica de todos los resortes de producción que tiene el gobierno deudor; y tras la dirección plena y absoluta de la vida económica, o simultáneamente con ella, surge la injerencia política directa y dictatorial, y la medida final es el control del ejército nacional, o el establecimiento de tropas norteamericanas en el territorio de esa suerte dominado y explotado. Esa es la obra codiciosa del capitalismo expansionista que tiene alquiladas, para obedecer sus designios, la conciencia y la voluntad de los estadistas que preconizan "la diplomacia del dólar".

Estas palabras contienen una advertencia seria: el peligro no comienza en la anexión, como en Puerto Rico, ni en la intervención, como en Cuba, ni en la expedición militar, como en México, ni en el pupilaje, como en Nicaragua, ni en la secesión territorial, como en Colombia, ni en la ocupación armada, como en Haití, ni en la compra, como en las Guayanas. El peligro, en su primera fase, comienza en la hipoteca progresiva de la independencia nacional mediante empréstitos destinados a renovarse y aumentarse sin cesar, en condiciones cada vez más deprimentes para la soberanía de los aceptantes. El apóstol cubano José Martí advirtió hace tiempo lo que hoy repite con voz conmovida el eminente Enrique José Varona: guardémonos de que la cooperación de amigos poderosos pueda transformarse en un protectorado que sea un puente hacia la servidumbre. ¿No dijo Wilson, para conquistar nuestras simpatías, durante la guerra, que se respetaría el derecho de las pequeñas nacionalidades y que todos los pueblos serían libres de darse el gobierno que mejor les pareciera?, ¿Dónde están sus principios?, ¿Cómo los ha aplicado su propio país?, ¿En Cuba, interviniendo en su política?, ¿En México, desconociendo al gobierno que los mexicanos creen mejor?, ¿En Santo Domingo, sustituyendo el gobierno propio por comisionados militares, y ofreciendo retirarse de la isla a condición de imponer antes tratados indecorosos?, ¿Y dónde irá a parar nuestra independencia nacional -la de todos- si cada nuevo empréstito contiene cláusulas que aumentan el contralor financiero y político del prestamista?

Y bien, señores: sea cual fuere la ideología que profesemos en materia política, sean cuales fueren nuestras concepciones sobre el régimen económico más conveniente para aumentar la justicia social en nuestros pueblos, sentimos vigoroso y pujante el amor a la libre nacionalidad cuando pensamos en el peligro de perderla, ante la amenaza de un imperialismo extranjero. Aun los idealistas más radicales saben exaltar sus corazones y armar su brazo cuando ejércitos de extraños y bandas de mercenarios golpean a las puertas del hogar común, como con bella heroicidad lo ha mostrado ayer el pueblo de Rusia contra las intervenciones armadas por los prestamistas franceses, como acaba de mostrarlo el pueblo de Turquía contra las intervenciones armadas por el capitalismo imperialista inglés, y ¿por qué no decirlo? como estuvo dispuesto a mostrarlo el pueblo de México cuando la insensata ocupación de Veracruz. Se trata, para los pueblos de la América Latina, de un caso de verdadera y simple defensa nacional, aunque a menudo lo ignoren u oculten muchos de sus gobernantes.

El capitalismo norteamericano quiere captar las fuentes de nuestras riquezas nacionales y asegurarse su contralor, con derecho de intervención para proteger los capitales que radica y garantizar los intereses de los prestamistas. Es ilusorio que, entre tanto, nos dejen una independencia política, cada vez más nominal. Mientras un Estado extranjero tenga, expresa o subrepticiamente, el derecho de intervención, la independencia política no es efectiva; mientras se niegue a reconocer todo gobierno que no secunde su política de privilegio y de absorción, atenta contra la soberanía nacional; mientras no demuestre con hechos que renuncia a semejante política, no puede ser mirado como un país amigo.

La Unión Latinoamericana

Digamos, aunque a muchos parecerá innecesario, que las palabras precedentes han sido largamente ponderadas, esperando una ocasión propicia para tomar forma y servir de fundamento a las que van a seguirlas. Son palabras comprometedoras, ciertamente, aunque no tengan más valor que la autoridad moral del que las pronuncia, libre, felizmente, de la cautelosa tartamudez a que suele ajustarse el convencionalismo diplomático.

Creemos que nuestras nacionalidades están frente a un dilema de hierro. O entregarse sumisos y alabar la Unión Panamericana (América para los Norteamericanos), o prepararse en común a defender su independencia, echando las bases de una Unión Latino Americana (América Latina para los Latinoamericanos). Sabemos que esta segunda tarea es larga y difícil, pues ya existen muy grandes intereses creados a la sombra de poderosos sindicatos financieros. Desalentarse de antemano por la magnitud de la empresa, equivale a rendirse; ya está vencido el que se considera vencido. Confiar en que la distancia será una defensa natural, importa colocar el peligro en un plazo menos próximo y repetir el cínico: después de mí, el diluvio! Suponer que la mayor importancia política implicará una inmunidad para ciertas naciones, significa olvidar que México tiene, por su población y riquezas naturales, un puesto preeminente en la América Latina, sin que ello aleje la ambición del capitalismo imperialista. ¿Quién podría asegurar que el trigo y la carne, el petróleo y el azúcar, el tabaco y el café, no resultan enemigos naturales de nuestra independencia futura, en tanta mayor proporción cuanto más nos ilusione su abundancia? ¿Dónde se monopolizan y dirigen los mercados del mundo?, ¿Dónde fueron a descansar, durante la gran guerra, todos los títulos de las grandes empresas industriales, ferroviarias y comerciales que el capital europeo había acometido en la América Latina.

¿Dónde está el prestamista único a quien rinden pleitesía los gobiernos, cada vez que hace crisis su imprevisión financiera o administrativa?. Por esos caminos, en que todos andan, cual más cual menos, se marcha a la mengua progresiva de la soberanía nacional y se afianzan el contralor norteamericano y el derecho de intervención. No obrará de igual manera para todos, pues más difícil es oprimir a los grandes y a los distantes; pero vendrá más tarde o bajo otras formas: Cuba no fue anexada cuando Puerto Rico, ni México intervenido como Santo Domingo. Lo seguro, creámoslo firmemente, es que vendrá para todos si no ponemos en acción ciertas fuerzas morales que todavía nos permitirán resistir.

¡Las fuerzas morales! He ahí el capital invencible que aún puede poner un freno en el mundo a la inmoralidad, de los capitalismos imperialistas. Las fuerzas morales existen, pueden multiplicarse, crecer en los pueblos, formar una nueva conciencia colectiva, mover enteras voluntades nacionales. Sólo esas fuerzas pueden presionar la política de un país e imponer normas de conducta a los gobernantes desprevenidos o acomodaticios. Pues, hay que decirlo también, mientras no exista una conciencia social bien consolidada en los pueblos, no hay mucho que esperar de la acción oficial de los gobiernos, fácilmente extraviable en los conciliábulos de la diplomacia secreta.

Las fuerzas morales deben actuar en el sentido de una progresiva compenetración de los pueblos latinoamericanos, que sirva de premisa a una futura confederación política y económica, capaz de resistir conjuntamente las coacciones de cualquier imperialismo extranjero. La resistencia que no puede oponer hoy ninguna nación aislada, sería posible si todas estuviesen confederadas. El viejo plan, esencialmente político, de confederar directamente los gobiernos, parece actualmente irrealizable, pues la mayoría de ellos está subordinada a la voluntad de los norteamericanos, que son sus prestamistas. Hay que dirigirse primero a los pueblos y formar en ellos una nueva conciencia nacional ensanchando el concepto y el sentimiento de patria, haciéndolo continental, pues así como del municipio se extendió a la provincia, y de la provincia al estado político, legitimo sería que alentado por necesidades vitales se extendiera a una confederación de pueblos en que cada uno pudiera acentuar y desenvolver sus características propias, dentro de la cooperación y la solidaridad comunes.

Esta labor, que no pueden iniciar los gobiernos deudores sin que les corte el crédito el gobierno acreedor, podría ser la misión de la juventud latino americana. ¿Qué consideraciones diplomáticas impedirían que los intelectuales más representativos de varios países iniciaran un movimiento de resistencia moral a la expansión imperialista? No olvidemos que muy nobles y previsores gritos de alarma, lanzados por distinguidos escritores, no han tenido eco ni continuidad por falta de cohesión. ¿No podría aprovecharse la experiencia y dar organización a tanto esfuerzo que se esteriliza por el aislamiento?. Formada la opinión pública, hecha "la revolución en los espíritus" como hoy suele decirse con frase feliz, sería posible que los pueblos presionaran a los gobiernos y los forzaran a la creación sucesiva de entidades jurídicas, económicas e intelectuales de carácter continental, que sirvieran de sólidos cimientos para una ulterior confederación.

No sería difícil fijar las orientaciones cardinales de la acción conjunta preliminar. Un Alto Tribunal Latino Americano para resolver los problemas políticos pendientes entre las partes contratantes; un Supremo Consejo Económico para regular la cooperación en la producción y el intercambio; resistencia colectiva a todo lo que implique un derecho de intervención de potencias extranjeras; extinción gradual de los empréstitos que hipotecan la independencia de los pueblos.

Y a todo ello, inobjetable como aspiración internacional, coronarlo en el orden interno con un generoso programa de renovación política ética y social, cuyas grandes líneas se dibujan en la obra constructiva de la nueva generación mexicana, con las variantes necesarias en cada región o nacionalidad.

¿Convendría para la propaganda de estas ideas fundar organismos en todos los países y ciudades, federados en una Unión Latino Americana, con miras de suplir a la Unión Panamericana de Washington? Formulo esta pregunta sin ignorar las dificultades de la respuesta. Sería necesario, en primer término, que ese organismo no fuese una institución oficial, ni dependiente de los gobiernos, pues ello le quitaría toda libertad de acción y le restaría eficacia. En segundo término, la iniciativa debiera partir de los países más interesados, México, Cuba, Centro América y los demás de la zona de mayor influencia norteamericana.

Amigo Vasconcelos:

Si un pensamiento de esta índole llegara a formularse en México, podéis asegurar a vuestros compañeros de ideales que hallará eco en nuestro país, pues tiene ciudadanos tan celosos como ellos de la independencia nacional, tan amigos como ellos de perfeccionar el federalismo político y como ellos tan amantes de toda renovación que acerque las instituciones a los modernos ideales de justicia social.

Jóse Ingenieros

El Deber
de
Hispanoamerica

El deber de Hispanoamerica

Hace aproximadamente veinticinco años -el espacio de una generación- y con motivo de un Congreso Iberoamericano, establecimos contacto estrecho, mexicanos y peruanos, argentinos y colombianos, en las salas de esta misma Universidad de México, que hoy vuelve a cobijar nuestras reuniones. Éramos jóvenes y nos dedicábamos al oficio favorito de la juventud: minar los cimientos de una era podrida, para sentar las bases de un futuro glorioso.

Apenas si sospechábamos entonces que el mundo entero, junto con nosotros, se hallaba a las puertas del gran cataclismo que todavía nos tiene presos en sus abismos.

Comenzaba la influencia mundial de esa gran mentira que ha sido la revolución marxista y fuimos de los primeros en acogerla en México con simpatías. En el ambiente continental, pequeños despotismos, fundados en la fuerza, hacían la comedia de interesarse por la suerte de los de abajo. Entre nosotros, la Revolución liquidaba su etapa de sacrificios y, según se afirmaba en el mando, consumaba la eliminación de los dirigentes honrados, en beneficio de los audaces, los inescrupulosos, los ignorantes. Quienes jamás tomaron sobre si riesgo alguno en las horas de lucha, quienes no habían dado a la Revolución una hora de sacrificio, o un día de labor sin sueldo, se dedicaron a formar cortejo e improvisar doctrinas, en torno a dictadores ignorantes que en la propaganda oficial encarnaban, cada uno en su oprobio, "el momento más alto de la Revolución" "la bandera del proletariado" o " el progreso más evidente que vieron los siglos"; "los representativos de una revolución que era la maestra del Continente"; ¿quién de nosotros, iberoamericanos, carne de tiranía, no conoce este lenguaje menguado, que usualmente sigue a las matanzas que acallan las conciencias libres?

Por debajo, lo que ocurría en el fondo, era una inmensa traición a los ideales de libertad política, justicia económica y amor cristiano del hombre para el hombre, que eran los postulados de la revolución -en sus comienzos, y son los anhelos perdurables, de vuestros antepasados y los nuestros, y sus ancestros- hombres de bien que han querido, no desde ahora, sino desde siempre, salvar este suelo de Iberoamérica, para lo que hoy se llama la civilización occidental, o sea la cristiana convivencia de las gentes, dedicadas a la investigación de la verdad, al trabajo provechoso, a la realización de la justicia, y a la dicha y complacencia de la honradez de los corazones.

Se agravo entre nosotros el fracaso por la influencia que en forma creciente nos llegaba de la Rusia Soviética. Allá también la inspiración cristiana que a la revolución habían dado los Tolstoy y Dostoyewsky, era suplantada con el filosofismo trasnochado, hibridismo Hegel-Darwin, del materialismo histórico.

Revolucion y Cristianismo

La revolución nuestra, carente de voceros de categoría en el orden intelectual, era también de inspiración arraigadamente cristiana, según pueden demostrarlo predicas y discursos sueltos de los primeros iniciadores, y algún documento tan viejo como mi carta a los estudiantes de Colombia, escrita en la época a que me réferi hace unos instantes, en el cual se identifican cristianismo y revolución hasta el punto de afirmar que no puede ser fecunda la revolución que se aparte del espíritu cristiano; todo esto, también en contra de los que aquí mismo se propusieron consumar proceso idéntico al que se realizaba en Moscú. He creído necesarias estas referencias para explicar, que no justificar, pues no necesita justificación, el repudio que tantos hicimos de la influencia moscovita que en un principio acogimos con tanta simpatía. Le sonreíamos cuando tomaba la efigie de Tolstoy; le volvimos la espalda cuando nos llegó descarnada su consigna, que por cierto recibió quien habla, de labios de uno de los vuestros que, debo aclarar, tampoco la acato; decía la consigna soviética: "El cristianismo apesta: hay que enterrarlo." Lenin se hacía eco del odio de Marx y saciaba su egolatría movilizando por todas las Rusias agentes policiacos que derribaban los iconos cristianos para reemplazarlos, en cada hogar, con el "rincón Lenin". Mi respuesta de revolucionario mexicano, más radical en lo económico que los tiranos soviéticos, que ya viajaban por entonces solo en vagón de lujo, fue expresada en los términos más soeces del léxico popular de mi nación, afectando la ascendencia de los sacerdotes de la religión leninista. Pero no todos los revolucionarios de América reaccionaron en parecida forma. Casi todos los que habían logrado sumar lo insumable: la libertad y la dictadura, revolución y despotismo apresurándose a simular un ardor antirreligioso y especialmente anticristiano, pues les aseguraba posición en la ortodoxia exótica, y los liberaba del epíteto temido de: "reaccionarios".

La traicion anticristiana

Y la traición se consumó. La consumaron en Rusia los incondicionales de un hombre y, entre nosotros, los que cambiaban la libertad por el capricho de un dictador, a pretexto de que lo pintaban de rojo y negro. ¿Los culpables? en todas partes podréis reconocerles por el gesto que levanta en la diestra el trapo rojo de los extremismos, para ocultar la izquierda, ocupada en llenar el bolsillo. Así es como pronto llego a ocurrir, que los millonarios de la revolución llamasen reaccionarios a los revolucionarios que rehusaron cargarse de botín.

Y el resultado no se hizo esperar: Tierra y Libertad fue en México el grito magonista, recogido por Madero, repetido por Zapata. Tierra y Libertad, con inspiración cristiana en la distribución de los bienes que habría de producir el trabajo. En lugar de libertad se les dio dictadura, cláusula de exclusión en el contrato de trabajo, y en vez de tierra propia, una organización semicomunal, semibancaria, completamente ruinosa para el agricultor, pero que ha dejado a salvo muchas saneadas industrias agrícolas de beneficio particular. Tal es el ciclo que acaba de cerrarse.

Los arrepentidos

Hoy, a los veinticinco años, el espacio de una generación fracasada, parece ayer, por las circunstancias que se renuevan. Un periodo de libertad de expresión nos permite hacer crítica objetiva. Una situación mundial extremadamente grave, nos obliga a todos a reflexionar, nos aparta de extremismos impracticables, nos devuelve al programa factible de la democracia cristiano-social de los comienzos revolucionarios; a tal punto que ya los mismos secuaces de la "dictadura del proletariado", que nos acusaran de reaccionarios porque no nos veían en el carro de los vencedores del momento, vuelven a tomarnos la doctrina para hablar el lenguaje de la libertad, el lenguaje de la democracia. Bienvenidos los que se arrepienten. Nosotros no hemos cambiado, los discípulos de la verdad eterna, en lo que hace a la convicción, participamos de lo inmutable.

Nuestro lenguaje

A principios del siglo que corre, el venezolano García Rodríguez, en su libro: Camino de perfección, aconsejaba reemplazar el estilo tradicional iberoamericano, hecho de exageraciones y de énfasis, por un tono varonil propio del que hace cosas y no de aquel que se limita a comentar cuanto escucha. Y al pensador le recomendaba el gesto orgulloso "que decapita el aplauso al nacer". Justo horror de aquella oratoria que lleva la sangre al cerebro y dejaba el corazón vacío e impotente. Lentamente, quizá, la realidad de nuestro sufrimiento o el mayor contacto del intelectual con la masa, ha ido cambiando el tono de nuestra literatura, haciéndola más sustantiva y menos plagada con la profusión de los adjetivos. Pocas frases y muchas obras. Silencioso y profundo ha de ser el iberoamericano de ahora; paciente, porque le toco pertenecer a pueblos que no están haciendo la historia, y, sin embargo, deben colaborar para salvarla. Silencioso, porque guarda un secreto que inspira confianza: la promesa implícita en el verso del poeta que advirtió: "mi hora no ha llegado todavía". La hora del Continente nuestro no ha sonado, pero tenemos que participar en el destino de los pueblos que mantienen el cetro de los acontecimientos. Providencial es ya, que nos haya correspondido pactar alianza con los que hoy representan la ocasión más alta de la especie encarnada en la Civilización Occidental, que es también la nuestra. Gracias a esta circunstancia venturosa, nuestra participación, aunque secundaria, no es accidental. Para prestarla no hemos tenido que forzar ninguno de nuestros sentimientos; al contrario, todo nos impele hacia una colaboración resuelta y leal. Prestaremos esa colaboración sin reservas, sin perjuicio de honrar la hora prometida, la que hemos de llenar con nuestro esfuerzo generoso. Se nos ofrece de esta suerte una misión doble: la inmediata de participar con toda nuestra entereza en la defensa de la cultura cristiana amenazada, y otra que, aún aplazada, requiere la atención constante de nuestras conciencias: la de preparar a nuestras gente, a fin de que se haga digna del momento en que, llegada a plenitud, asuma la responsabilidad que incumbe a los pueblos cumbres, a los pueblos directores.

Mision de Iberoamerica

La conciencia iberoamericana situada en la región del no tiempo, es en el mundo presente la más indicada para juzgar hombres y cosas. No la ofuscan nacionalismos ni prejuicios, puesto que su liga con el pasado es agradecida, pero no parcial. Ignora el resentimiento porque sabe que su destino pertenece al futuro, y no le falta uno solo de los haces de la simpatía, porque en su constitución han entrado y siguen entrando las simientes todas de lo humano: España y Portugal, Europa toda, en parte, y lo aborigen, más una porción considerable de lo africano y poco de lo asiático; disponemos de seres vivos para formar la conciencia del mundo, y lo estamos haciendo en condiciones que se dan coherentes por primera vez en la historia. Desde luego, sin espíritu imperial que subordina todo a un tipo de fuerza, y si al contrario, con espíritu cristiano, impregnado de la convicción de que cada individuo es único y puede apresurar la tarea de construir una humanidad universal. Nos aproximamos de esta manera a la madurez, en los instantes en que el mundo cambia de ruta.

Queremos en América los hispanoamericanos, que uno de esos cambios sea, con la tecnificación en el desarrollo de nuestros recursos, el respeto de la autonomía nacional y de la libertad individual. Cambio de política que nos permita colaborar en la construcción del mundo nuevo, según la idiosincrasia de nuestros temperamentos, de acuerdo con el mensaje de nuestros corazones.

Conquistaremos el derecho a esa autonomía, demostrando que somos capaces de consumar una síntesis humana más cabal y generosa que las anteriores, mas despojada y alta, o por lo menos igual, en capacidad del bien y de dicha a la mejor que haya alcanzado el hombre.

Ardua pero alta es la tarea; por eso, los que ya tramontamos, contemplamos casi con envidia a los que comienzan. Su oportunidad no podría ser más gloriosa; pero propiamente no hay, no puede haber envidia de una generación para la que le sigue. Y es mas bien una sensación de consuelo y de alegría, y también, ¿por qué no decirlo?, de compasión y paternal angustia, la que experimentamos al contemplar las juventudes que han de llevar adelante la tarea de Atlantes que el momento exige, en tanto nosotros partimos a la empresa de ganar, si Dios quiere, el cielo.

José Vasconcelos

Printed in Great Britain
by Amazon